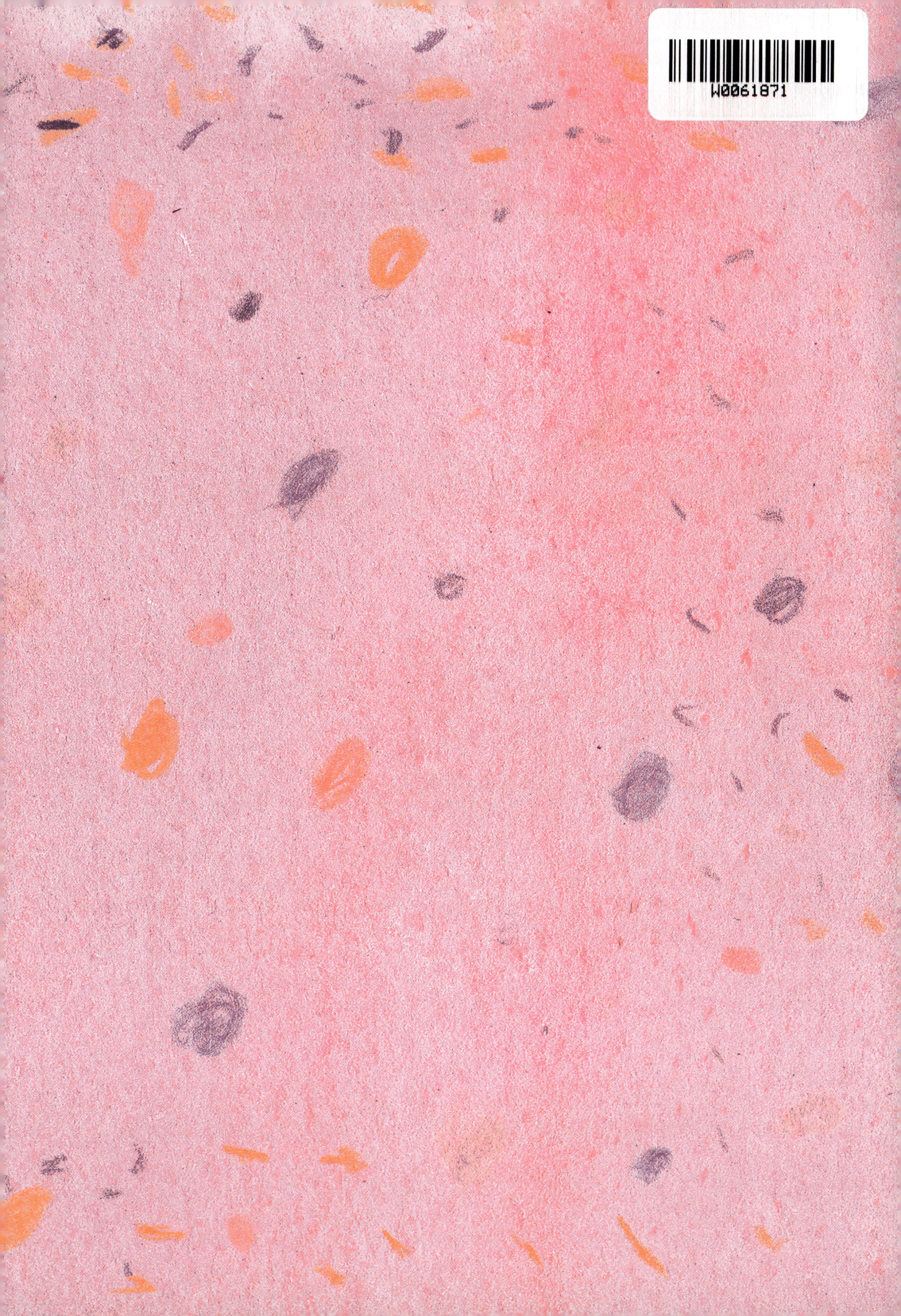

JANOSCH

Das große Vor-lesebuch

JANOSCH

Das große Vor-Lesebuch

Mit vielen Geschichten und

bunten Bildern

von

Janosch

Janosch ist der Autor der Fernsehserie
JANOSCHS TRAUMSTUNDE.

Er wurde 1931 in Zaborze (Polen) geboren,
lebte in Paris, München und wohnt seit 1980
in Spanien.

Er schrieb und malte über
200 Kinderbücher, Romane, Theaterstücke,
Fernsehsendungen u. a. m.
Seine Kinderbücher wurden bisher in
etwa 47 Sprachen übersetzt.
Er erhielt den französischen und deutschen
Kinder- und Jugendbuchpreis,
2 x die Goldmedaille Bratislava, den Prix Jeunesse,
Prix Danube, 2 x den Silbernen Griffel (Holland),
den Silbernen Pinsel usw.

© Janosch
Genehmigte Sonderausgabe für
Tandem Verlag GmbH, Birkenstraße 10,
D-14469 Potsdam
Gesamtherstellung: Tandem Verlag GmbH, Potsdam

ISBN 978-3-8427-0005-5

Inhalt

Der Vogelmann   6

Schnuddel fängt einen Fisch   14

Vom Hühnchen im Nussberg   24

Vom klugen Schneiderlein
(Brüder Grimm)   30

Du lieber guter Hasenvater   42

Kleiner Hase Baldrian   58

Wie der Kasper einmal
zum Baden ging   80

Mein lieber Fuchs   90

Der Vogelmann

V or gar nicht langer Zeit lebte hier irgendwo ein Mann, den sie den Vogelmann nannten. Denn er fing Vögel mit Fallen, steckte sie in Käfige und verkaufte sie an die Vogelhändler, viele jedoch starben zuvor.

Und zwar hatte er in der Bibel gelesen:
„Sehet die Vögel des Himmels, sie säen nicht und sie ernten nicht, und Gottvater ernähret sie doch."

Das neidete er ihnen.
Denn er musste arbeiten, um seine Nahrung zu verdienen. Sie hatten die Freiheit, konnten tun, was sie wollten, hinfliegen, wohin sie wollten - er aber musste jeden Tag um sieben aufstehen und immer in die gleiche Fabrik gehen, und dort bleiben bis vier Uhr nachmittags – kurzum:

Er neidete es ihnen.

Freilich ist es nicht wahr, was da in der Bibel steht, denn Gottvater ernährt sie keineswegs. Sie müssen sich ihr Futter mühsam selber suchen, oft auch aus der Erde graben.

Im Winter füttert Gottvater sie auch nicht, und sie müssten erbärmlich verhungern, würden nicht ein paar gute Menschen Körner kaufen und sie ihnen auf der Fensterbank zurechtlegen.

Tagein, tagaus fuhr er mit seinem Fahrrad und einem Blechtopf voller Bohnengemüse in die Fabrik, an den Sonn- und Feiertagen aber lauerte er den Vögeln auf. Er baute raffinierte Fallen, bestrich Zweige mit Leim, an denen die Vögelchen festklebten, manche starben gar, bevor er sie holte.

Kurzum: Was für ein verdammter Lumpenhund war doch dieser Mensch!
Hatte er sie in den Käfig gesteckt, setzte er sich vor dem Käfig zurecht und feixte:
„Seht ihr, nun ernährt euch Gottvater nimmer."

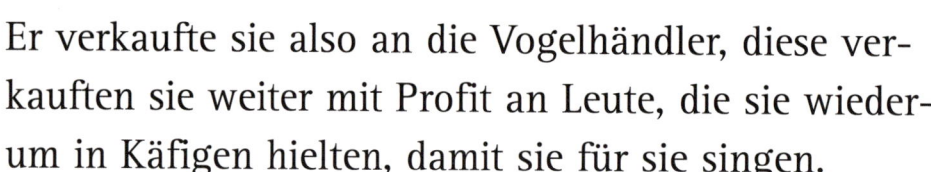

Er verkaufte sie also an die Vogelhändler, diese verkauften sie weiter mit Profit an Leute, die sie wiederum in Käfigen hielten, damit sie für sie singen.

Und so erfand dieser elende Mensch mit der Zeit
immer raffiniertere Fallen, mit denen er hundert auf
einen Schlag fangen konnte, fing bald so viele Vögel,
dass er seine Arbeit aufgeben konnte und nicht mehr
in der Fabrik arbeiten musste, gar zu einem kleinen
Wohlstand gelangte.

Doch dieser war ihm immer noch nicht genug. Wo der
Neid wohnt, wohnt die Habgier gleich nebenan.

In einem Jahr fing dieser Vogelmann über
tausend Vögel. Als ihm bald auch seltene Vögel in die
Netze gingen, konnte er sie an reiche arabische
Scheichs verkaufen.
Alles, was selten ist, ist ihnen nie zu teuer.

Der Vogelmann wurde reich und reicher.
Sie luden ihn in ihre Länder ein, ließen ihn dort
wiederum Vögel fangen, welche man in seinem
Heimatland nicht kannte und die man ihm dort
wiederum sehr teuer bezahlte.

Den Neid hatte er mit der Zeit vergessen, jedoch die
Habgier wuchs und wuchs.

Und so ging ihm einmal der König aller Vögel in die
Falle. Man kann annehmen, dass er dies freiwillig tat,
denn nie ist ein Vogelkönig dumm genug, um eine
Falle nicht zu erkennen. Freiwillig, um
den Mann aus der Welt zu schaffen.

Freilich erkannte der Mann seinen
kostbaren Fang nicht, denn der Vogelkönig
sieht von außen unscheinbar aus.
Die wahren Könige dieser Welt sind nicht
so leicht zu erkennen.
Er wunderte sich auch nicht besonders, als dieser
Vogel zu ihm redete:
„Wünsch dir etwas, guter Mann.
Was es auch sei – wir machen ein Geschäft. Du lässt
mich frei, und ich erfülle dir jeden Wunsch, was
immer es auch sei."

„Geschäft?", fragte der Vogelmann.
„Da bin ich immer dabei."

Er überlegte nicht lange, sein alter Wunsch, ein
Vogel zu sein, kam wieder in ihm hoch, nichts schien
ihm besser zu sein, als dass Gottvater ihn hinfort
ernähren würde.

Und so sagte er: „Dass ich ein Vogel bin."

Sofort und genau auf der Stelle, wo er sich befand,
wurde er zu einem – – – Pinguin.
Da er sich aber in der Wüste befand, ein Pinguin
jedoch Fische als Nahrung braucht, trampelte dieser
Pinguinmann noch eine kleine Weile im Sand herum,
wartete, dass Gottvater ihn ernährte, und verstarb.

Eine Expedition fand dort nach vielen Jahren sein
Skelett und verbreitete nun die Entdeckung, dass die
Wüste vor gar nicht langer Zeit ein Ozean gewesen sei.

Wissenschaftlich erwiesen.

Schnuddel fängt
einen Fisch

Einmal sagte Schnuddelmutter:
„Geh an den Fluss und fange einen Fisch,
Schnuddel, damit ich ihn braten kann!"

Also ging Schnuddel an den
Fluss und wollte einen Fisch
fangen. Er fing also erst
eine Mücke und steckte sie
in die Flasche. Denn eine
Mücke ist für einen
Fisch ein Köder.

Ein Köder ist,
wenn man jemandem
seine Leibspeise irgendwohin legt. Dann kommt er,
will sie greifen oder fressen, schon schnappt die Falle
zu, weil wir ihn fangen wollten.

Dann nahm er eine Schnur und band die Flasche an
die Schnur. Dann setzte er sich auf einen Stein und
ließ die Flasche mit der Mücke an der Schnur in das
Wasser.
Er sagte:
„Wenn der Fisch kommt, dann sieht er die Mücke.
Er will sich die Mücke holen, weil er sie verspeisen
möchte, und schwimmt in die Flasche.

Die Flasche aber ist nur eine Falle, und wenn ich das sehe, ziehe ich die Flasche mit der Schnur schnell aus dem Fluss und schon ist er gefangen."

Zuerst sah der Vater von dem Fisch die Mücke und wollte sie holen. „Oh, welch eine schmackhafte Speise", rief er, doch war er zu groß und passte nicht

in die Flasche. Das war sein Glück.

Dann kam die Mutter von dem Fisch und sah die
Mücke in der Flasche und rief:
„Oh, welch eine schmackhafte Mücke, ich werde sie
sofort verspeisen." Doch leider war sie zu groß und zu
dick und passte nicht in die Flasche. Da hast du aber
Glück gehabt, du gute Mutter.

Dann kam der Großvater des Fisches und sah die
Mücke in der Flasche und wollte sie mit Lust ver-
schmatzen.

„Welch eine schöne Mücke", rief er, „dich werde ich
mir greifen, du kleine, süße Mücke, komm schon her!"
Doch auch er passte nicht in die Flasche.
Er war zu groß und zu dick. Was hast du für ein Glück
gehabt, dass du so dick bist, du alter Opa, sonst wärest
du gefangen und gebraten worden.

Auch der große Bruder des Fisches passte nicht in die
Flasche und auch nicht die Großmutter. Was hatten sie
alle für ein Glück, dass sie so groß und dick waren,
sonst wären sie gefangen worden.

Dann aber kam der kleine Fisch.
Er sah die Mücke und rief:
„Na, du kleine Mücke! Schon mal von
einem kleinen Fisch gefressen worden? Nein? Na,
dann werde ich dich
mal mit Lust verspei-
sen."

Er schwamm in die Flasche, erwischte die Mücke an einem Bein, da zog Schnuddel ihn aber schnell mit der Flasche an der Schnur und dem Bein von der Mücke in dem Maul in der Flasche aus dem Wasser und holte den Fisch mitsamt der Mücke an dem Bein in dem Maul aus der Flasche und legte sie auf die Wiese.

Und da lag der Fisch mit dem Bein von der Mücke in dem Maul und ließ sie nicht los. Denn er wollte sie fressen.

„He!!", rief die Mücke, „der Fisch will mich fressen,
das ist Mord und Totschlag, das darfst du nicht dul-
den, du oller Schnuddel! Ich bin auch ein kleines,
armes Tier und will leben. Schnuddel duddel daddeldu,
du bist ich und ich bin du. Du willst doch auch nicht
gefressen werden, oder was?" Da hatte sie Recht.
Denn schon schwebte oben in der Luft der Habicht
und wollte Schnuddel fressen.

„Das wäre Mord und Totschlag",
rief Schnuddel, „wenn der Habicht mich
frisst", denn er hatte den Hut nicht auf
dem Kopf, und der Habicht hatte ihn
längst erspäht. Und im Gebüsch lauerte
der Jäger und wollte den Habicht
schießen.

Da ließ Schnuddel das Fischlein los, das
Fischlein ließ die Mücke los, das Mücklein
stach den Jägersmann, da konnte er den
Habicht nicht schießen.

Da durfte der Habicht entfliehen und wollte
den Schnuddel nicht fressen. Und so kamen
sie alle frei und jeder rettete dem anderen
das Leben.

Das war ein guter Tag gewesen.
Gute Nacht, oller Schnuddel!

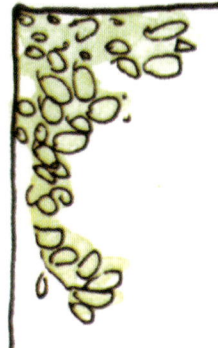

Vom Hühnchen
im Nussberg

Einmal ging das Hähnchen mit dem Hühnchen
in den Nussberg. Nüsse pflücken. Sich den
Bauch vollschlagen.

Sie waren zusammen lustig, gackerten und
kackerten, und weil das Hühnchen nicht
aufpasste, aß es eine Nuss, die zu groß war für
seinen dünnen Hals.

Das Hühnchen bekam Angst, dass es ersticken
müsste, und schrie:
„Hähnchen, lauf, was du kannst.
Hol Hilfe, geh zum Tierarzt, sonst muss ich
ersticken." Das Hähnchen lief, was es konnte,
aber der Tierarzt war nicht zu Haus.
Er machte just da seine Tierbesuche. Da rief das
Hähnchen den Erstbesten, den es traf, nämlich
einen Hund.

„Das Hühnchen muss ersticken.
 Helfen Sie doch!"
„Wo?", fragte der Hund.
„Im Nussberg."
„Was gibt's denn da?"
„Nüsse zuhauf."

„Oh, die esse ich gern",
bellte der Hund und lief hinter dem Hähnchen her.
Unterwegs rief das Hähnchen weiter:
„Das Hühnchen muss ersticken, so kommt doch
und helft!"
„Wo?", schnatterten die Gänse.
„Im Nussberg."
„Was gibt es da?"
„Nüsse zuhauf."

„Gack, die essen wir gern."
Und sie rannten hinter den beiden her.
Und so trafen sie noch die Tauben,
die Enten, die Katze, das Eichhörnchen
und den Dachs.

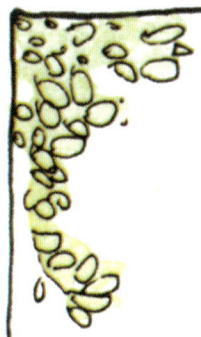

Und alle rannten sie mit.

Als sie auf den Nussberg kamen, fielen sie alle
über die Nüsse her und fraßen sich satt. Dann
legten sie sich zum Schlafen, die einen unter
den Baum, die anderen auf die Wiese und
manche an den Bach. Das Hähnchen schlief
gar oben im Baum.

Und hätte das Hühnchen sich nicht selber
geholfen und die Nuss mit der Kralle aus dem
Hals geholt, es wäre jämmerlich gestorben.

Vom klugen Schneiderlein

(Brüder Grimm)

Es war einmal eine Prinzessin gewaltig stolz; kam ein Freier, so gab sie ihm etwas zu raten auf, und wenn er's nicht erraten konnte, so ward er mit Spott fortgeschickt. Sie ließ auch bekannt machen, wer ihr Rätsel löst, sollte sich mit ihr vermählen, und möchte kommen, wer da wollte.

Endlich fanden sich auch drei Schneider zusammen, davon meinten die zwei ältesten, sie hätten so manchen feinen Stich getan und hätten's getroffen, da könnt's ihnen nicht fehlen, sie müssten's auch hier treffen; der dritte war ein kleiner unnützer Springinsfeld, der nicht einmal sein Handwerk verstand, aber meinte, er müsste dabei Glück haben, denn woher sollt's ihm sonst kommen.

Da sprachen die zwei andern zu ihm:
„Bleib nur zu Haus, du wirst mit deinem bisschen Verstande nicht weit kommen."

Das Schneiderlein ließ sich aber nicht irre machen und sagte, es hätte einmal seinen Kopf darauf gesetzt und wollte sich schon helfen, und ging dahin, als wäre die ganze Welt sein.

Da meldeten sich alle drei bei der Prinzessin und
sagten, sie sollte ihnen ihr Rätsel vorlegen: es wären
die rechten Leute angekommen, die hätten einen
feinen Verstand, dass man ihn wohl in eine Nadel
einfädeln könnte.

Da sprach die Prinzessin:
„Ich habe zweierlei Haar auf dem Kopf,
von was für Farben ist das?"
„Wenn's weiter nichts ist", sagte der erste,
„es wird schwarz und weiß sein, wie Tuch,
das man Kümmel und Salz nennt."

Die Prinzessin sprach:
„Falsch geraten, antworte der zweite."

Da sagte der zweite: „Ist's nicht
schwarz und weiß, so ist's braun und rot
wie meines Herrn Vaters Bratenrock."

„Falsch geraten", sagte die Prinzessin,
„antworte der dritte, dem seh' ich's an, der weiß es
sicherlich."

Da trat das Schneiderlein keck hervor und sprach:
„Die Prinzessin hat ein silbernes und ein goldenes

Haar auf dem Kopf, und das sind die zweierlei Farben."

Wie die Prinzessin das hörte, ward sie blass und wäre vor Schrecken beinah hingefallen, denn das Schneiderlein hatte es getroffen, und sie hatte fest geglaubt, das würde kein Mensch auf der Welt herausbringen.

Als ihr das Herz wiederkam, sprach sie: „Damit hast du mich noch nicht gewonnen, du musst noch eins tun; unten im Stall liegt ein Bär, bei dem sollst du die Nacht zubringen. Wenn ich dann morgen aufstehe, und du bist noch lebendig, so sollst du mich heiraten."

Sie dachte aber, damit wollte sie das Schneiderlein loswerden, denn der Bär hatte noch keinen Menschen lebendig gelassen, der ihm unter die Tatzen gekommen war.

Das Schneiderlein ließ sich nicht abschrecken, war ganz vergnügt und sprach: „Frisch gewagt, ist halb gewonnen."

Als nun der Abend kam, ward mein Schneiderlein
hinunter zum Bären gebracht. Der Bär wollt' auch
gleich auf den Kerl los und ihm mit seiner Tatze einen
guten Willkommen geben.

„Sachte, sachte", sprach das Schneiderlein,
„ich will dich schon zur Ruhe bringen."

Da holte es ganz gemächlich, als hätt' es keine Sorgen,
welsche Nüsse aus der Tasche, biss sie auf und aß die
Kerne. Wie der Bär das sah, kriegte er Lust und wollte
auch Nüsse haben. Das Schneiderlein griff in die
Tasche und reichte ihm eine Handvoll; es waren aber
keine Nüsse, sondern Wackersteine.

Der Bär steckte sie ins Maul, konnte aber nichts auf-
bringen, er mochte beißen, wie er wollte. Ei, dachte er,
was bist du für ein dummer Klotz! Kannst nicht einmal die Nüsse aufbeißen, und sprach zum
Schneiderlein:
„Mein, beiß mir die Nüsse auf."

„Da siehst du, was du für ein Kerl bist",
sprach das Schneiderlein, „hast so ein großes Maul
und kannst die kleine Nuss nicht aufbeißen."

Da nahm es die Steine, war hurtig, steckte dafür eine Nuss in den Mund, und knack, war sie entzwei.

„Ich muss das Ding noch einmal probieren", sprach der Bär, „wenn ich's so ansehe, ich mein', ich müsst's auch können."

Da gab ihm das Schneiderlein abermals Wackersteine, und der Bär arbeitete und biss aus allen Leibeskräften hinein. Aber du glaubst auch nicht, dass er sie aufgebracht hat.

Wie das vorbei war, holte das Schneiderlein eine Violine unter dem Rock hervor und spielte sich ein Stückchen darauf.

Als der Bär die Musik vernahm, konnte er es nicht lassen und fing an zu tanzen, und als er ein Weilchen getanzt hatte, gefiel ihm das Ding so wohl, dass er zum Schneiderlein sprach:
„Hör, ist das Geigen schwer?"

„Kinderleicht, siehst du, mit der Linken leg' ich die Finger auf, und mit der Rechten streich' ich mit dem Bogen drauflos, da geht's lustig, hopsassa, vivallalera!"

37

„So geigen", sprach der Bär, „das möcht'
ich auch verstehen, damit ich tanzen könnte, so oft
ich Lust hätte. Was meinst du dazu?
Willst du mir Unterricht darin geben?"

„Von Herzen gern", sagte das Schneiderlein, „wenn du
Geschick dazu hast. Aber weis einmal deine Tatzen
her, die sind gewaltig lang, ich muss dir die Nägel ein
wenig abschneiden."

Da ward ein Schraubstock herbeigeholt,
und der Bär legte seine Tatzen darauf, das
Schneiderlein aber schraubte sie fest und sprach:
„Nun warte, bis ich mit der Schere komme", ließ den
Bären brummen, soviel er wollte, legte sich in die Ecke
auf ein Bund Stroh und schlief ein.

Die Prinzessin, als sie am Abend den Bären so
gewaltig brummen hörte, glaubte nicht anders, als er
brummte vor Freuden und hätte dem Schneider den
Garaus gemacht.

Am Morgen stand sie ganz unbesorgt und vergnügt auf; wie sie aber in den Stall guckt, so steht das Schneiderlein ganz munter davor und ist gesund wie ein Fisch im Wasser.

Da konnte sie nun kein Wort mehr dagegen sagen, weil sie's öffentlich versprochen hatte, und der König ließ einen Wagen kommen, darin musste sie mit dem Schneiderlein zur Kirche fahren, und sollte da vermählt werden.

Wie sie eingestiegen waren, gingen die beiden andern Schneider, die ein falsches Herz hatten und ihm sein Glück nicht gönnten, in den Stall und schraubten den Bären los. Der Bär in voller Wut rannte hinter dem Wagen her. Die Prinzessin hörte ihn schnauben und brummen:
Es ward ihr angst, und sie rief: „Ach, der Bär ist hinter uns und will dich holen."

Das Schneiderlein war fix, stellte sich auf den Kopf, steckte die Beine zum Fenster hinaus und rief: „Siehst du den Schraubstock? Wenn du nicht gehst, so sollst du wieder hinein."

Wie der Bär das sah, drehte er um und lief fort. Mein Schneiderlein fuhr da ruhig in die Kirche, und die Prinzessin ward ihm an die Hand getraut, und er lebte mit ihr vergnügt wie eine Heidlerche.

Wer's nicht glaubt, bezahlt einen Taler.

Du lieber guter Hasenvater

Es war einmal ein lieber guter Hasenvater,
der hatte jedes halbe Jahr sieben Hasenkinderchen,
und die hatte er sehr lieb, wie er auch ihre Mutter lieb
hatte, denn wo ein Vater ist, ist auch eine
Hasenmutter, klar.

Kinder ohne Mutter gibt es bei den Hasen nicht.
Die Mutter kümmerte sich um die Küche und das Wohl
der Kinderchen, indem sie diese wusch, kämmte, fütterte, anzog und abends wieder auszog, und am
Sonntag buk sie ihnen Kuchen mit Rosinen, denn die-
sen aßen die Kinderchen besonders gern.
Korinthen am liebsten. Und beim Essen
sprach sie: „Schaukelt nicht mit den
Beinen, popelt nicht mit zwei
Fingern in der Nase und werft
nicht mit den Nudeln herum."

Der Vater jedoch sorgte sich um
ihre geistige Fortbildung, gab
ihnen gute Ratschläge für
das Leben und frug sie im
Rechnen ab.
„Sieben mal drei?
Wer weiß, wie viel das ausmacht?"
„Elf", sagte das jüngste Kind.
„Stimmt", sagte der gute Vater.

Also, er lehrte sie Kopfrechnen. Und als sie also groß
genug waren und in die Häschenschule gehen mussten,
sprach zuerst die Mutter zu ihnen, wenn sie jedem sein
Pausenbrot mitgab: „Und beschmutzt nicht eure

Kleiderchen, habt ihr gehört?"
Oder sie sagte: „Geht nicht vom Weg ab, sonst verirrt
ihr euch oder kommt zu spät in die Häschenschule.
Habt ihr gehört?"

Und dann noch: „Gehorcht euerm Lehrer, schwatzt
nicht während des Unterrichts über dummes Zeug, und
wenn die Häschenschule aus ist, verweilet nicht am
Wege, sondern kommt sofort nach Haus.
Habt ihr gehört?"

„Wir haben sehr gut gehört, lieb Mütterlein, und wir
kommen nicht vom Weg ab, wir verirren uns nicht und
wir verschmutzen auch nicht unsere Kleiderchen. Mach
dir nur keine Sorgen." Denn auch sie liebten ihr liebes
Mütterlein und wollten ihr keine Sorgen bereiten.

So sprangen sie über Stock und Stein, wegauf, feldein
in die Häschenschule und sangen: „Ach Mütterlein,
lieb Mütterlein, mache dir keine Sorgen. Wir springen
über Gräbelein und wollen immer fröhlich sein von
heut bis übermorgen." Ein schönes Lied, das hatten sie
in der Häschenschule auswendig gelernt, und sie werden es ihr Leben lang nicht vergessen. So schön ist es
in der Häschenschule.

Mittags kamen sie aus der Schule, und die gute Mutter
hatte ihnen ein schmackhaftes Müsli bereitet, aus
Haferflocken und geriebenen Äpfelchen oder Möhrlein,
Wiesenklee, Waldbeerlein und ROSINEN.

Ach, wie sich die kleinen Hasen dann freuten. Oder es
gab Kartoffelsuppe mit Einlage. Auch das aßen sie
gern. „Mein Gott, wie iss das Leben sssön",
jubelten sie, und die Mutter sprach:
„Nun gehet hinaus und tummelt euch auf der Wiese,
meine Kinderchen, doch beschmutzt nicht eure
Kleiderchen und fallt in keine Grube. Kommt nicht
vom Weg ab, sonst verirrt ihr euch, und ich kann euch
nicht mehr finden."

So ging das jedes halbe Jahr, denn nach jedem halben
Jahr bekam sie wieder sieben neue Kinderchen,
manchmal gar acht oder neun. Hasen sind fleißige
Eltern, hatten gern viele Kinderchen, und wenn die
nächsten kamen, mussten die vorherigen schon aus
dem Haus sein und allein durch das Leben hüpfen.

Hasen werden schneller erwachsen als die Leute in der Stadt oder auf dem Land. So also sorgte sich die liebe Hasenmutter um das leibliche Wohl der Kinderchen, der gute Vater jedoch gab ihnen die guten Ratschläge für das Leben mit auf den Weg über die Felder und Wiesen.

Nach der Schule frug er sie jeden Tag:
„Eins und eins – ist wie viel? Ludi!"
„Fei", sagte Ludi, der kleinste Hase mit der dicken Lippe.
„Z-wei. Sag mal:
z-wei zwei! Ludilein."
„Feifeifei", lachte dann Ludi, und der gute Vater war vorläufig zufrieden.
Ludi würde es schon noch lernen.
Z-wei. Z-wei.
Dann frug er noch: „Feimal sieben, ich meine z-wei-mal sieben ist wie viel?"
Und sie riefen alle zusammen „feiund-fanzig".
Das hatten sie auswendig gelernt und soll heißen zweiundzwanzig und war falsch.

Doch muss ein Hase das fürs Leben wissen, und deswegen frug der gute Vater jeden Tag das gleiche, bis sie es wussten. Das war Rechnen genug für das Leben.

Oder der gute Vater sprach
sehr ernst zu den
Kinderchen: „In einem
halben Jahr wird eure liebe
Mutter neue Kinderchen
bekommen und die Wohnung wird zu klein für uns
alle. Dann müsst ihr in die Welt hinaus und euch
einen Job suchen. Geld verdienen, heiraten, Kinderchen
bekommen, eine eigene Wohnung suchen oder studie-
ren gehen. Dann wird das Leben ernst, meine
Lieberchens."

Dann machten sie die Ohren lang und lauschten dem
guten Vater, denn ein guter Vater weiß immer
guten Rat, und man kann von ihm lernen.

„Einmal müsst auch ihr selbst gute Väter und liebe
Mütterlein sein. Was werdet ihr dann euren Kinderchen
sagen? Follchen?"

Follchen war eine Tochter und würde einmal eine liebe Hasenmutter werden müssen.

„Ich werde zu sie sagen: Verschmutzt eure Kleidchen nicht. Passt in der Häschenschule auf. Verirrt euch nicht im Blaubeerwald und esst immer brav euer Müsli. Und ihr sollt beim Essen nicht mit den Beinen schaukeln, nicht popeln und nicht furzen. Ist das so OK, Papa?"

„Brav gesprochen", sagte dann der gute Hasenvater. „Das heißt: Ich werde zu ihnen sagen. Merk es dir mal", und streichelte Follchen.

Alsdann frug er:
„Und was werdet ihr sie lehren, damit sie schlau sind? Bubi!"
„Eins und eins ist fei.
Fei mal fieben ist feiundfanzig, und fallt nicht in den Graben, sonst fressen euch die Raben. Und sucht euch einen Job, denn wir haben zu Haus keinen Platz mehr für euch alle.
Ist das so OK, Papa?"

„Brav, mein Sohn, ist OK so.

Nun aber kommt das Wichtigste. Wenn ihr einem
roten Mann begegnet, welcher einen Pelzmantel trägt,
spitze Ohren hat und freundlich lacht, dann nehmt die
Beine in die Hand und rast, was das Zeug hält, davon.
Verkriecht euch in Erdlöcher und springt über Gräben.
Denn dieses ist der hundsgemeine Hunzfott,
DER FUCHS. Wen er erwischt, den frisst er mit Haut
und Haar und der gesamten Bekleidung.

Alles verstanden, liebe Kinder? Wie viel ist eins und
eins, Ludi?" „Feifeifei, Papa."

Und so kam dann der Tag, dass die Hasenmutter
wieder sieben neue Kinder bekam und die alten Kinder
aus dem Haus mussten.

Der gute Vater fragte sie noch einmal nach allem, was
er sie gelehrt hatte, und sie wussten alles ganz genau.
„Fieben mal fei ist feiundfanzig", sagte Gurki, und nun

konnte ihnen wahrlich nichts passieren.
Sie gingen bis zur Weggabelung zusammen.
Dort setzten sie sich nieder, denn sie liebten einander,
was das Zeug hielt und mochten sich nicht trennen.

Sie wiederholten noch einmal alles, was sie gelernt
hatten, und versprachen sich gegenseitig, sich vor dem
roten Mann mit dem Pelzmantel in Acht zu nehmen.

Da kam so ein guter Mann mit einer Mütze und einem Krückstock, auf welchen er sich stützte, denn er konnte wohl nicht mehr gehen. Er trug eine schwarze Jacke und sah aus wie ein guter Herr.

„Na, ihr lieben Kinderchen, wo geht ihr denn hin, so früh am Tag? Fürchtet euch nicht vor mir, denn ich bin der Pfarrer."
„Ins Leben, Herr Pastor. Denn wir sind schon älter und müssen nun zeigen, was wir von unserer lieben Mutter und unserem guten Vater gelernt haben."

„Ja, was habt ihr denn von eurer guten Mutter und eurem lieben Vater gelernt, meine Lieberchens?"
„Umgekehrt", rief Popel, einer von ihnen.
„Das heißt liebe Mutter und guter Vater, das haben wir so gelernt."
„Und eins und eins ist fei."
„Und wir sollen nicht mit den Beinen schaukeln, keine Popeln verspeisen, fieben mal fei ist feiundfanzig."

„Ja, aber dann gibt es noch einen roten Mann. Der hat einen Pelzmantel und wenn wir ihn sehen, sollen wir davonrennen, sonst frisst er uns auf."

„Ach, was für ein albernes Märchen, hahaha", lachte
der Pfarrer mit der Mütze, „da, schaut her!
Ich lege meine Jacke ab ...", und er zog seine Jacke
aus. „.... dann nehme ich meine Mütze von dem Kopf
...", und er nahm seine Mütze vom Kopf. „Noch den
Krückstock hier an den Baum gelehnt, und wie sehe
ich aus?"

„Wie ein roter Mann, der Fuchs heißt."
Also verspeiste der Fuchs die Häslein, und so hatten
sie alles unnötig auswendig gelernt.

So geht das manchmal.

Dort unten, wo der Fluss sich durch die Wiesen windet, bei den Bäumen und Sträuchern, weht der Wind sanft über die Grashalme, als wäre nichts. Als wäre hier der große Frieden im Land, lauter Lust und Freude am Leben, wo die Fliegen surren und die Hummeln brummeln, die Bienen summen und jeder den lieben Gott einen guten Mann sein lassen kann.

Aber der Schein trügt. Wenn der Späher mit den scharfen Augen über die Grashalme schaut, dann sieht er sich etwas bewegen. Jawohl. Und es ist nicht so, als suche eine Maus dort ihr Futter.

Oder als ob zwei Käfer miteinander ringen.

Oder Mücken, Motten oder Schmetterlinge heiraten.

Denn dann bewegt das Gras sich anders.
Es ist verdächtig. Und man braucht jetzt keine Augen
wie ein Indianer zu haben, um zu sehen, wie eine
wilde Hundeschnauze sich vorsichtig durch die
Grashalmspitzen nach oben schiebt. Und wie ein ver-
kommenes Schweinchen links davon mit der Schnauze
zu dem Hund hinüberäugt. Und wie zwei zerrupfte
Karnickelohren sich durch das Gras schieben, und
zwar von rechts her.

Und man braucht nicht besonders schlau zu sein, um
zu merken: Hier geht etwas vor sich. Und zwar nichts
Gutes. Hier streicht nämlich die Bande des wilden
Hundes durch die Felder.

„Mir nach, ihr verfluchten Banditen!" Eine Stimme wie Whisky, Wodka und Weinbrandverschnitt. Wie die eines Seeräubers, der dreiunddreißig Jahre das Salz der tobenden Meere mit dem Sturmwind eingeatmet hat. – Kurzum, ein Lump.

Es ist noch nicht lange her, da war dieses Land ein Paradies. Die Karnickel bestellten zusammen mit den Bauern die Felder, pflanzten Kohl und Mohrrüben, jeder führte die halbe Arbeit aus, die einen säten und die anderen ernteten. (Die Bauern säten.) Die Nachbarn kamen gern zu Besuch, alle die kleinen Schweinchen, Eichelhäher, Maulwürfe, Hühnchen und Hähnchen saßen mit ihnen vor den Hütten. Kurzum, ein Paradies.

Und dann war auf einmal der wilde Hund da.
Stand mitten im Dorf der Karnickel und knurrte wie der Teufel. Fletschte die Zähne, schnappte zwei friedliche Kaninchen, warf sie in die Luft, fetzte sie durch den Staub, und mit einem Mal war der Friede vorbei.
„Und wer noch was zu sagen hat, vortreten", belferte der verdammte Lump. Und keiner trat vor.

Keiner wagte sich auch mehr so leicht vor seine Hütte; denn man war sich hier seines Lebens gar nicht mehr sicher.

Der wilde Hund machte sich breit, fraß auf, wer sich ihm in den Weg stellte, fletschte die Zähne und führte sich auf, als gehörte ihm die Welt. Gehörte ihm wohl auch. Jedenfalls hier unten am Fluss - das Karnickelland.

Und weil sie nicht verhungern wollten, kamen bald
zwei, drei Karnickel, vielleicht die ängstlichsten, weil
sie nicht gefressen werden wollten, und boten dem
Lumpen ihre Dienste an.
„In Ordnung, Banditen", knurrte der verdammte Hund,
„dann mir nach."

Und so strichen sie durch die Felder, andere kamen
und schlossen sich ihnen an. Diebesgesindel, licht-
scheue Halunken manche, kleinere und größere
Schweinchen, auch ein Gockel war dabei und eine alte
Henne. Sie richteten Unfug an, klauten und raubten
alles, was nicht angenagelt war, kurzum, eine verkom-
mene Bande.

Der wilde Hund versammelte seine Banditen auf einem kahlen Flecken Erde mitten in der Wiese, von allen Seiten her geschützt durch das hohe Gras. Seine Augen glitzerten gemein wie bei einem, der argen Unfug im Sinne hat.

„Halunken und Banditen vom Karnickelland ...“

„Bravo, bravo.“ „Wir werden einen ...“

„Bravo, bravo.“ Der wilde Hund hatte es zur Gewohnheit gemacht, dass seine Worte immer mit einem lauten Bravo beantwortet wurden. Brüllte einer nicht, trat er ihm in den Hintern, und zwar nicht wenig. „Wir werden heute einen zum König machen.“ „Bravoooo, bravooooo ...“ Meinten sie vielleicht, einer von ihnen hier werde der König werden? Denn hätte er sich selbst gemeint, hätte er das auch gesagt. Geknurrt. „Wen denn, wen denn?“ brüllten die Leute

„BALDRIAN.“

Und da blieben ihnen die Mäuler offenstehen.
Da schrie keiner bravo; denn Baldrian war wohl der
größte Dummkopf im ganzen Wald, nach ihrer
Meinung.

Baldrian war ein einfältiger Hase. Er wohnte in einer
Hütte, mitten in einer Wiese, ungeschützt und unver-
borgen, ja sogar ohne Tür und Tor.
Jeder konnte dort ein und aus gehen und ihn berauben. Berauben? Was denn hätte er zum Berauben
gehabt? – Nichts, nichts und wieder nichts. Baldrian
besaß nichts.

Er aß drei Pfoten voll Gras oder was er sonst fand, er ging keiner geregelten Arbeit nach, schien niemals einen Beruf ausgeübt zu haben.

Keiner wusste, woher er kam und wohin er gehörte.

Und wenn er wo war, wurde alles ganz ruhig, weswegen sie ihn auch Baldrian nannten – wie Baldriantee, Baldriantropfen.

Baldrian schimpfte nie. Er wehrte sich auch nicht, wenn ihm einer aus Spaß eins auf die Löffel haute, er lachte eher mit ihm darüber.

Wenn sie jemanden brauchten, der ihr Kindchen wiegen sollte, holten sie Baldrian.

Wenn jemand das Heu nicht allein tragen konnte, half ihm Baldrian, und meistens trug er die ganze Last allein, für den anderen.

Wenn ein Hase krank war, holten sie Baldrian. Er kam, setzte sich hin, blieb eine Weile und fütterte ihn, bis er gesund wurde.

Hatte einer keine Zeit, seine Mohrrüben im Topf zu
rühren, holte er Baldrian.
Und er hatte nie einen Lohn dafür verlangt.
„So dumm ist der", sagten sie. Sie konnten ihn auch in
der Nacht holen, denn er brauchte kaum Schlaf.
Und schlief er doch mal, war er sofort wach und kam.
Kam, wenn einer Trauer hatte, weil seine Frau ihn
verlassen hatte oder von einem Wilddieb gefangen
worden war, und trank mit ihm einen kleinen
Mauseschnaps, bis der getröstet war.

Er begrub die Toten und spielte mit den Kinderchen.
Er sorgte für die Mutter, wenn der Vater von der
Pirsch nicht wiedergekommen war.
Er stellte sich bei Regen nicht unter, weil ihm der
Regen nichts ausmachte.
Er ging bei Hitze nicht in den Schatten, weil ihm die
Hitze wohl egal war.
Keiner konnte ihn beleidigen – kurzum, ein Narr, ein
richtiger Dummkopf, wie sie meinten. „Und den willst
du zum König machen?", riefen sie.

Nicht einmal der Jäger schoss auf ihn, legte manchmal
die Flinte an - und ließ sie wieder sinken, keiner
wusste warum. Aber doch wohl, weil ihm der Hase zu
dumm war, oder?

Der Hase Baldrian, der am helllichten Tag durch das
Menschendorf gehen konnte, den kein Hund verfolgte,
den kein Menschenkind jagte – und warum wohl?
Weil ihnen der Hase zu dumm war.

„Und den willst du zum König machen?", riefen sie.
„Hat er denn scharfe Zähne?" „Oder hat er den wach-
samen Adlerblick, oder was?"
„Gebrochene Knochen wird er bald haben", feixte der
wilde Köter.
„Mir nach, Genossen. Das wird ein Spaß wie der
Karneval von Venedig."

Die Wilde-Hund-Bande trollte sich auf das offene Feld,
und sie liefen zu der Hütte des Hasen. Der wilde Hund
verbeugte sich tief und höhnisch vor dem kleinen Hasen
Baldrian. „Salvalute, unser großer König."

Der Hase Baldrian aber rührte sich nicht. Das hatten sie
nicht erwartet. Sie hatten gedacht, der kleine Dummkopf
würde vor Stolz und Freude in die Luft springen.
„Hast du nicht gehört, du eseliger Zwerg?"

Der Hase Baldrian wandte sich eher ein bisschen zur
Seite. Da zerrten sie ihn heraus aus der Hütte und zogen
ihn über die Wiese hin zu der Stelle am Fluss, die etwas
flach war.

„Ach, was heißt da lange fragen", bollerte
der wilde Köter, „er wird jetzt König und damit basta."

Sie bauten einen Turm, der für kleine Hasen so hoch
war wie für die Pariser der Eiffelturm und der schon
von allein zusammenfallen musste, wenn bloß der Wind
ihn berührte. Da hinauf setzten sie den Hasen Baldrian;
denn da gab es kein Entrinnen, da musste er stürzen
und sich Hals und Kragen brechen. Und das sollte der
Spaß sein.

Aber der Thron blieb stehen. Da band der wilde Hund
einen Bindfaden um das untere Bein des Thrones und
zog. Und als der Thron zusammenstürzte, da geschah
etwas - nämlich nichts.

Sie glaubten zu sehen, dass der Hase Baldrian oben in
der Luft sitzen blieb, dann langsam herunterschwebte -
jedenfalls stand er unbeschadet mitten unter ihnen.
Aber sie glaubten sich selbst nicht. Sie glaubten, sie
hätten Traummücken gesehen, ja, und trauten sich
nichts zu sagen.

Der wilde Hund zog die Stirn in Falten und fing an zu
grübeln. „Ach was", knurrte er, „er ist jetzt König, und
ab mit ihm ins Dorf."

Sie nahmen ihn in die Mitte und trotteten zum
Karnickeldorf unten am Fluss.

Und dann ging alles ganz anders weiter, als es sich der wilde Hund gedacht hatte.

Die Leute im Dorf empfingen den Narrenkönig erst mit etwas Hohn, aber er war erst wenige Stunden mitten unter ihnen, da stellte sich ein seltsamer Friede ein. Und die, die in Furcht gelebt hatten vor dem wilden Hund, verloren ein wenig von der Furcht. Sie kamen wieder aus ihren Hütten und holten Futter auf den Feldern.

Der wilde Köter lag etwas abseits und fletschte mit 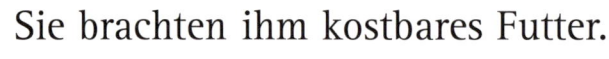 den Zähnen. Einige seiner Gefolgsbanditen waren verschwunden.
„Wir werden dir eine komfortable Hütte hier im Dorf bauen", sagten die älteren Karnickel, „wie es sich für einen König gehört." Aber Baldrian wehrte ab. Er brauche nichts, sagte er. Er habe alles, was er brauche, nämlich nichts.

 Sie brachten ihm kostbares Futter.
„Gezuckerte Mohrrüben mit Rosinen", sagten sie, „Königsspeise."
Aber das aß er nicht. Er aß wie zuvor drei Pfoten voll Gras, ohne Beilagen.

74

Zwei, die einen Streit hatten wegen eines Kohlbeetes im Garten vom Bauern Nolte, kamen an und sagten, er solle doch entscheiden, wem was gehört, er sei doch jetzt König. Aber sie hatten noch nicht zu Ende geredet und er hatte nichts gesagt, da hörten sie von allein auf zu streiten und gingen zusammen, Pfote in Pfote, davon. Ihnen gehörte jetzt beiden der Kohl. Ein bisschen ließen sie dem Nolte.

Bald kamen auch wieder die Nachbarn zu Besuch. Und die kleinen und großen Schweine, die zuvor Banditen in der Wilder-Hund-Bande waren, waren jetzt friedliche Kameraden.

Und der wilde Hund?
Der wilde Hund strich
mit eingezogenem
Schwanz um das Dorf,
knurrte
und sah finster aus. Als ob er
auf Untaten aus wäre.
Da war zu der Zeit ein elender
Hirsch in der Gegend, der die Felder
aufwühlte und die Kaninchendörfer mit seinem
Geweih zerstörte.

„Geh doch hin und tu etwas", riefen sie dem wilden Hund zu, „du hast doch zu uns gehört, du bist sozusagen unser Anführer und Polizist." Aber der wilde Hund fürchtete sich.

Und als dann der elende Hirsch im Dorf auftauchte, als er schon mit seinem Geweih über den Dächern herumfuchtelte, schickten sie ihm den wilden Hund entgegen. Der wilde Hund verkroch sich hinter einem Stein, der kleine Hase Baldrian aber stellte sich dem Hirsch in den Weg.

Und als der Hirsch mit seiner ganzen Kraft auf ihn losraste, drehte sich Baldrian etwas, ganz wenig nur, zur Seite – und der elende Hirsch fegte vorbei.

Das machten sie drei- oder fünfmal, der Hirsch hatte alle seine Kraft vergeudet, der Hase nicht, denn er hatte sich nur zwei Zentimeter bewegt. Der Hirsch konnte nicht mehr zielen mit den Geweihspitzen und rammte seine Hörner so tief in die Erde, dass er nicht mehr herauskam.
Und die Karnickel im ganzen Land brauchten den Unhold nicht mehr zu fürchten.

Als der wilde Hund das sah, verschwand er.

Nie sah man den Hasen Baldrian sich mehr bewegen
als nötig. Meist sah er aus, als täte er nichts.
Nie trug er eine Last für sich selbst.
Wenn jemand einen suchte, der sein Kindchen wiegen
sollte, tat Baldrian es wie zuvor.

Wenn der Jäger in die Gegend kam, vielleicht weil er
ein Karnickel schießen wollte, machte er, wie von einer
unbekannten Kraft getrieben, einen Bogen um das
kleine Karnickeldorf am Fluss.

Bald war hier alles wieder in Ordnung. Keiner zankte
sich mehr mit dem anderen. Aber keiner konnte auch
sagen, wie Baldrian das gemacht hatte. Ohne Kraft,
ohne scharfe Zähne.

Er zog bald wieder auf seine einsame Wiese in seine
Hütte, lebte weiter von drei Pfoten voll Gras, und sie
vergaßen, dass er ihr König gewesen war, hielten ihn
wieder für einen einfältigen Narren. – Aber solange er
dort lebte, war alles in Ordnung.

Wie der Kasper einmal zum Baden ging

Einmal machte der Kasper einen Riesenaufstand. Aufstand machen heißt, dass er sich so groß aufspielte, als wäre er Weltrekordmeister in der gesamten Olympiade. Oder das heißt, dass er den großen Maxe markierte.

Er sprang herum wie ein durchgeknallter Knallfrosch und brüllte in die ganze Stadt hinaus: „Heute gehe ich baden. Echt. Und wer das sehen will, der soll sich melden. Aber nur die Mädels."
Denn der Kasper war immer bemüht, den Mädels zu imponieren.

Mal kleidete er sich wie eine beleuchtete
Rummelplatzfigur oder ein Popsänger.

Mal ließ er sich die Haare scheren
wie ein grüngefärbter Maulwurf
mit einem gelben Hühnerkamm
auf dem Kopf.

Und heute hatte er wieder etwas anderes. Heute wollte
er baden gehen – jeder im Dorf wusste, dass er noch nie
gebadet hatte, denn er war wasserscheu wie eine Mücke
– einmal ins Wasser geraten, wäre so eine Mücke sofort
rettungslos ertrunken.

An dem Tag, als er herumlief und herumbrüllte: „Heute
geht der Kasper baden. Baden, baden, baden. Und zwar
bis an die Waden. Waden, Waden, Waden. Mit dem
Kopf unter Wasser wird der Kasper noch nasser, unser

Kasper ist ein Held, der größte Held der Welt ..."
Das hörte seine Schwester Gretl. Sie saß oben am
Fenster, und der Kasper lief unten auf der Straße herum
und verkündete dort seine Tat.

„Das möchte ich sehen", lachte seine Schwester Gretl
und kam auf die Straße herunter.
„Dann musst du mir deine Badehose leihen, denn ich
habe keine."

Also ging sie wieder nach oben und lieh ihm ihre untere Badehose. Den Büstenhalter brauche er nicht.

„Kennst du noch Mädels, welche sehen möchten, wie
der Kasper badet? Dann sollen sie mitkommen."

Seine Schwester Gretl kannte noch zwei Freundinnen,
die Susi und die Dusi, sie wurden geholt.
„Wetten, dass du dich nicht traust", sagte die Susi.
„Um wie viel?", fragte der Kasper.
„Jeder 'ne Mark", sagte die Dusi.
„Und wenn du nicht badest, bekommen wir jeder zwei
Mark zurück, ist das OK?"
„Wir sagen nein, du badest nicht."
„Klar ist das klar, Handschlag unter Zeugen und
gewettet, ich sage, ich bade", sagte der
Kasper, hielt die zwei Mark in der Hand,
sagte: „Dann brauche ich aber einen

blauen Geldsack, denn ohne blauen Geldsack könnte ich das Geld verlieren. Habt ihr einen oder kennt ihr ein Mädel, welches mir einen Geldsack leihen würde?"

Die Dusi hatte keinen, die Susi hatte keinen, die Gretl hatte keinen Geldsack, auch Kaspers gute Oma hätte keinen gehabt, hätten sie diese gefragt. Aber Dusis Schwester hatte einen.

Also gingen sie zu Dusis Schwester.
„Kannst du dem Kasper deinen blauen Geldsack leihen, denn er hat zwei Mark, welche er nicht verlieren darf, weil er uns vier Mark zurückgeben muss, denn er geht baden. Aber er geht gar nicht baden, also muss er uns vier Mark zurückgeben, deswegen braucht er einen blauen Geldsack, und wir haben gewettet."

„Der soll baden gehen? Dieser laffe Feigling geht nie baden. Da wette ich mit, ich setze drei Mark fünfzig ein und dazu meinen Geldsack."

Das hörte eine jüngere Frau auf der Straße, die auch gern wettete und die rief: „Der Kasper soll baden wollen, dieser laffe Feigling? Da wette ich aber fünf gegen vier, dass er niemals baden wird." Sie kam herüber, gab ihre fünf Mark her. Der Kasper steckte sie in den Geldsack.

Als er ihn auf die Schulter hob, war dieser schon ziem-
lich schwer. Und als die jüngere Frau dann noch eine
Freundin traf, und diese frug:
„Wo geht ihr denn mit dem Kasper hin, Mädels, ist
irgendwo etwas Interessantes los?"

Als sie erfuhr, dass der Kasper, dieser laffe Feigling,
angeblich baden gehen wollte, rief sie:
„Da setze ich aber acht Mark gegen fünf ein und sage,
dass er nie und nimmer baden geht, der laffe Feigling."

Der blaue Geldsack war schon zu schwer zum Tragen, als immer mehr Mädels mitgingen und jede diese Wette einging, sodass der Kasper dann sagte:
„Nun brauche ich aber ein gelbes Cabriolet für den Geldsack. Lasst uns eines kaufen, Mädels!"

Da nun genügend Geld in dem Sack war, kauften sie ein gelbes Cabriolet für den Kasper und luden den Geldsack hinein.

Soweit der Platz reichte, durften die Mädels mit einsteigen und wechselten sich dann aus. Mal die einen, mal die anderen in dem Autochen. Da waren ja noch viel mehr Mädels hinzugekommen und hatten mit gewettet, dass der Kasper nie und nimmer baden wird.

„Ich brauche natürlich noch eine Bademütze und eine Schnorchelbrille, denn Baden ist ein wenig lebensgefährlich", sagte der Kasper. Die Mädels lachten, denn sie waren nun sicher, dass sie ihre Wette gewinnen würden.

Da aber genügend Geld im Geldsack war, kauften sie
ihm die herrlichste Bademütze und einen
Tiefseetaucherschnorchel mit
    sechs Sicherheitsventilen
        an allen Seiten.

Als sie an den Teich kamen, zog sich der Kasper hinter
einem Busch, damit die Mädels ihn nicht sehen konnten, Gretls Badehose an. Setzte die Bademütze auf,
schloss die sechs Sicherheitsventile an der
Taucherschnorchelbrille, schwang sie lässig mit der
Hand durch die Luft und ging baden.

Das Wasser war hier gar nicht tief und reichte ihm
bis an die Waden, sodass er sich sogar hineinsetzen
konnte.

Mein lieber Mann, da haben die Mädels aber geschaut!
Seither ist der Kasper schweinereich, denn sie hatten
ihre Wetten verloren.

Mein lieber
Fuchs

Weil der Fuchs die Gänslein liebt, sprach er eines Tages zu seiner Frau: „Nun gehe ich in das Dorf und hole ein paar Gänse zu uns. Bereite du schon mal die Pfanne, heize den Ofen an, ja!"
„Aber bring sie lebend", rief seine Frau ihm noch nach, als er schon aus der Höhle war.

„Na klar", rief der Fuchs, denn er war ein Freund der Fröhlichkeit.

Sie wollten das Fest vorher mit den Gänslein gemein-
sam feiern, solang sie noch leben würden. Wie sie es
oft schon taten. Mit Tanz und Gesang, Jag-mich-fang-
mich spielen, Federchen fliegen lassen und was man
mit Gästen alles so machen kann.

Der Fuchs ging nun zum Hof des reichsten Bauern,
damit er die Gänse nicht einzeln zusammensuchen
musste, klopfte höflich an, um nicht als ungehobelt
angesehen zu werden, und lud sie zum Festmahl:
„Meine Frau bäckt zwei Kuchen und brät einen
Kirchweihbraten. Und vorher wird getanzt,
Mädchen, dass die Beinchen dampfen.
Kommt ihr mit?" Das schien den Gänsen recht zu
sein, denn sie gackerten und kackerten und folg-
ten ihm im Gänsemarsch durch die Felder.

Die Stalltür hatte er zuvor geöffnet, der Bauer und das Gesinde waren auf dem Feld, die Bauersfrau mit dem Auto in der Stadt beim Friseur, und so konnten sie allesamt laut singend und schnatternd in den Wald wandern, ohne dass sie einer aufhielt.

„Das Wandern ist der Gänselust ..." Dann der Fuchs: „Das Tanzen auch ..."

Die Gänse: „Das muss ein lustiger Geburtstag sein, das Füchslein lädt uns Gänslein ein. Das Wandern, das Wandern ..."

Der Fuchs: „... und auch der Schmaus."

Als sie bei Fuchsens ankamen, war der Ofen noch nicht heiß genug, und so machten sie es sich auf dem Sofa bequem, lümmelten sich dort herum, in der Mitte der Fuchs, rings um ihn und auf ihm die Gänse, in der Küche aber wetzte die Füchsin schon das Messer.

„Nun lasst uns erst das Federfliegespiel spielen!", rief der Fuchs, denn das Wasser lief ihm schon im Maul zusammen, und es drängte ihn, den Gänschen, hier der einen, dort der anderen Gans, schon ein paar Federchen auszurupfen.

Er blies sie in die Luft, wer die meisten Federn fing, wurde Sieger. Das Spiel sollte so lange gehen, bis sie kein Federchen mehr am Leib trugen und sozusagen bratfertig gerupft vorlagen.

An dieser Stelle aber ging den Gänsen ein Licht auf, und sie erkannten den Halunken, wussten, was hier gespielt werden sollte:
„Kirchweihbraten, Gänsebraten, mein lieber Fuchs! Das soll er uns bezahlen."

Und weil Gänse nur scheinbar dumm sind, in Wahrheit aber das Gegenteil, spielten sie vorläufig fröhlich mit. Wollten aber lieber tanzen, als das Federfliegespiel zu spielen, was dem Fuchs auch recht war. Jede wollte die Erste sein: „Nimm MICH", „Nein, zuerst mich!" Und so packten sie ihn, eine nach der anderen, drehten ihn im Kreis. Ohne Pause. Zerrten ihn hinaus auf den Acker, denn die Feinde ist es besser einzeln zu erledigen.

Tanzten dort immer weiter, während die Füchsin
in der Höhle gar schon die Teller auf dem Tisch
zurechtstellte.

Draußen aber drehten die schlauen Gänse den Fuchs
so lange, bis er nicht mehr wusste, wo vorn und hinten, oben und unten war und erschöpft niedersank.
Liegen blieb. Sich erholen wollte. Da tanzten sie auf
ihm weiter, trampelten ihn flach, bis er aussah wie ein
Bettvorleger.

Zogen ihn am Schwanz über den Acker und legten ihn dann der Füchsin vor die Höhle.

Als der Ofen heiß genug und die Pfanne gut eingefettet war, rief sie hinaus: „Möchtest du die Kirchweihbraten lieber mit Äpfeln gefüllt oder mit Kastanien, Hans?" Der Fuchs antwortete nicht, denn er hatte sein Leben längst ausgehaucht. Da kam sie heraus und rief: „Hans, wo bist du denn, so antworte doch!"

Nun sah sie ihn da liegen und hub ein großes Heulen gen Himmel an. Die Gänse aber lauerten im Gebüsch, konnten sie leicht überwältigen, denn sie hatte die Augen voller Tränen, sah deswegen nicht, wo vorn und hinten und oben und unten ist, und nicht lange, da ward auch sie plattgetreten wie der Fuchs.

Die Gänse mussten die Felle nicht einmal gerben.
Nähten sich daraus Pelzmäntel und kleine Mützen,
legten sich die Schwänze um den Hals und tragen sie
nun wie einen Schal.

Und so laufen sie noch heute dort in dieser
Gegend herum, habt ihr sie denn nie gesehen, Leute?
Mit ihren Mäntelchen und Mützchen? Nein?

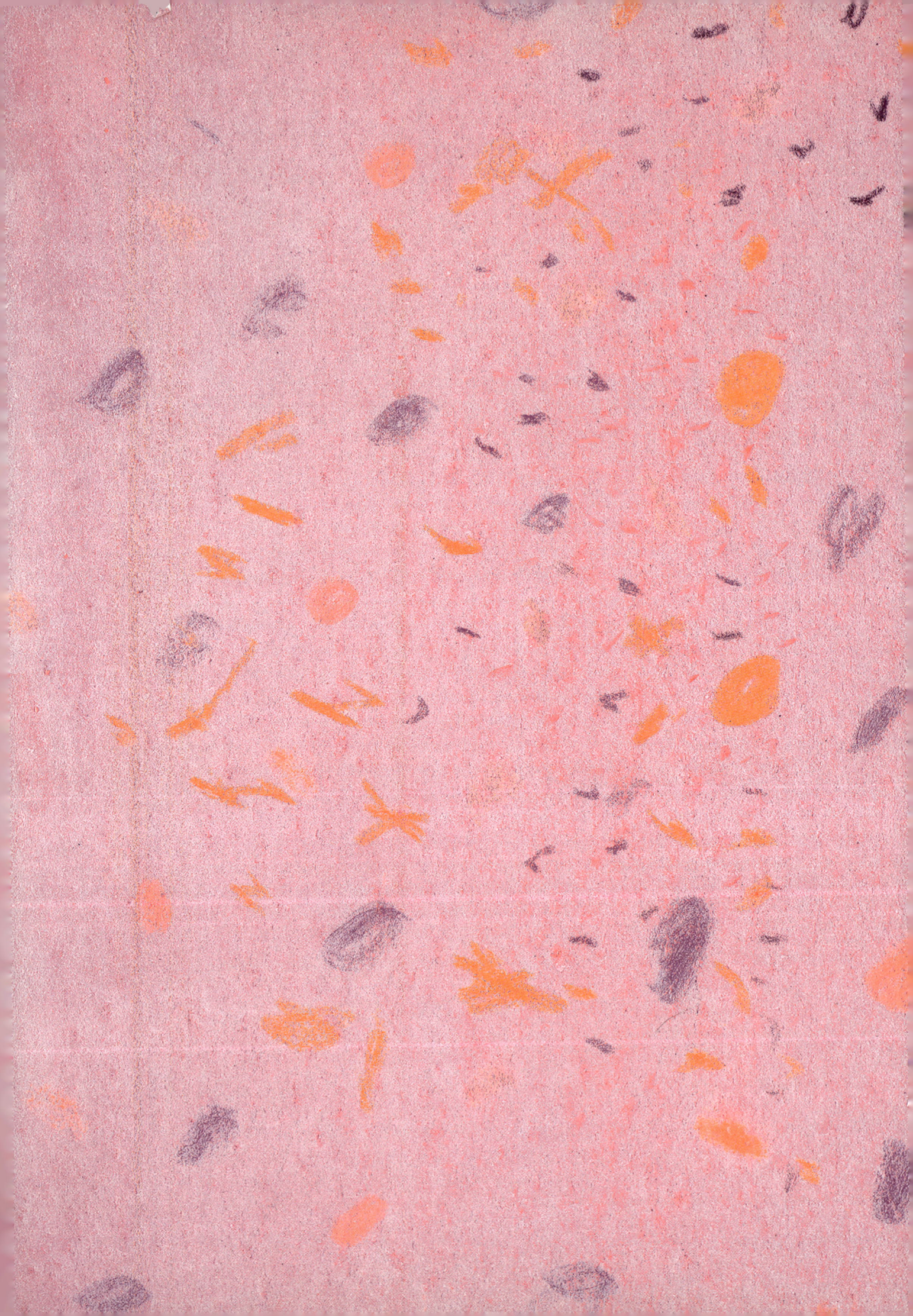